AF336441

CONCESSION DU CONGO

CAHIER DES CHARGES

TITRE PREMIER

Exploitation et mise en valeur des terres concédées.

ARTICLE PREMIER

La concession qui fait l'objet du présent cahier des charges a pour but l'exploitation agricole, forestière et industrielle des terres domaniales situées dans le territoire défini par le décret de concession sous les réserves indiquées par l'article 2 ci-dessous.

Le concessionnaire aura, pendant toute la durée de la concession, la jouissance des terres concédées avec tous les droits qui en résultent dans les conditions fixées par le présent cahier des charges et par le décret auquel il est annexé et sous la réserve de l'observation des lois et règlements en vigueur, notamment en ce qui concerne le domaine public, les forêts et les mines.

ART. 2.

Ne sont pas compris dans la présente concession :

1° Les terrains, cours d'eau, etc., qui font partie du domaine public ou qui en constituent des dépendances ;

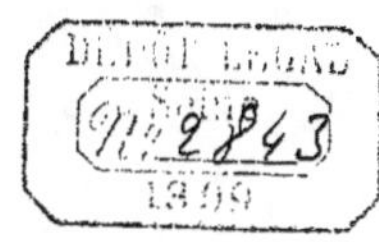

Droits conférés au concessionnaire

Terrains réservés.

2° Les terrains;

3° Les terrains sur lesquels des tiers ont des droits acquis;

4° Les terrains à réserver aux indigènes en vertu de l'article 10 du décret de concession.

L'Administration se réserve en outre le droit de prélever, pendant la durée de la concession, en dehors des terrains réservés ci-dessus, pour les faire valoir directement, pour les affermer ou pour les céder à des particuliers en vue d'y créer des établissements agricoles à l'exclusion de toute exploitation forestière autre que le défrichement, des parcelles d'une étendue inférieure à cinq mille hectares chacune, sans que la superficie totale de ces parcelles puisse dépasser le vingtième de la concession.

Ces prélèvements ne pourront, à moins de l'adhésion du concessionnaire, être effectués sur des terrains déjà occupés effectivement ou mis en valeur par le concessionnaire, ni dans un rayon de vingt kilomètres autour des établissements qu'il aura lui-même créés. Toutefois cette réserve ne sera pas applicable aux établissements agricoles dont le Gouverneur prescrira ou autorisera l'installation autour des postes chargés de la police du territoire ou d'autres établissements répondant à un intérêt général.

Les contrats d'affermage ou de cession de ces parcelles porteront interdiction, sous peine de dommages-intérêts envers le titulaire de la présente concession, et d'annulation desdits contrats, d'exploiter directement ou d'acheter aux indigènes, en vue du commerce, les produits végétaux ou les dépouilles d'animaux (peaux, plumes, cornes, défenses, etc.)

ART. 3.

Dans le cas où des contestations s'élèveraient entre le concessionnaire et les chefs indigènes ou l'Administration, au sujet de l'exécution de l'un des arrêtés de délimitation pris par le Gouverneur aux fins de l'article 10 du décret de concession, il sera procédé contradictoirement à la détermination, sur le terrain, des périmètres réservés aux indigènes en vertu dudit arrêté. En cas de désaccord au sujet soit du tracé des limites, soit de la répartition des frais auxquels donnera lieu cette opération, il sera statué par des arbitres nommés comme il est dit à l'article 27 ci-après.

Dans le cas où des contestations s'élèveraient soit entre le concessionnaire et l'Administration, soit entre le concessionnaire et le titulaire d'une concession limitrophe, au sujet de l'emplacement des limites de la concession, il sera procédé contradictoirement, avec un délégué du Gouverneur, à une reconnaissance géographique aux frais du concessionnaire ou des concessionnaires intéressés. A la suite de cette reconnaissance, il sera statué par le délégué du Gouverneur, sauf recours au Ministre des Colonies, qui décidera en dernier ressort sur les points en litige après envoi sur place, s'il le juge utile, d'un nouveau délégué aux frais du concessionnaire ou des concessionnaires intéressés.

Les limites de la concession pourront toujours, à une époque quelconque, être modifiées en cas de rectification de frontières avec une puissance voisine, étant entendu que tout territoire qui cesserait de faire partie des possessions françaises cesserait par ce fait même d'être compris dans la concession sans que le concessionnaire ait le droit de réclamer aucune indemnité.

ART. 4.

Les capitaines et patrons d'embarcations à vapeur circulant sur les cours d'eau qui traversent ou qui limitent la concession auront le droit, lorsqu'ils seront munis d'une autorisation du Gouverneur et sous les réserves mentionnées dans cette autorisation, de faire couper sur les terres concédées, jusqu'à un kilomètre de distance desdits cours d'eau, les bois nécessaires au chauffage de leur machine, sans que le concessionnaire puisse s'y opposer ni réclamer aucune indemnité.

L'autorisation sera spéciale au bateau, elle ne sera valable que pour la durée et pour les parcours qui y seront spécifiés ; elle déterminera les essences ayant une valeur commerciale qui devront être respectées, et toutes autres conditions nécessaires pour éviter les abus.

Sont exemptés de la servitude de coupe imposée par le présent article les arbres et arbustes croissant sur les terres situées à moins de dix kilomètres de distance des factoreries et autres établissements permanents du concessionnaire.

ART. 5.

Indépendamment des servitudes d'utilité publique résultant des lois et décrets en vigueur, le concessionnaire sera soumis, sans indemnité, aux servitudes de passage et autres qui seront reconnues nécessaires par le Gouverneur, pour l'exercice des droits de police et de surveillance dévolus à l'Administration, pour l'étude, la construction et l'exploitation des ouvrages d'utilité publique, et pour la jouissance par les indigènes des terres et des droits d'usage qui leur sont réservés.

L'Administration se réserve en outre le droit de prendre sans indemnité, dans les forêts et carrières du territoire de la concession, pour elle ou les concessionnaires de travaux publics, les bois, pierres, argile et en général tous matériaux de construction destinés à l'exécution des ouvrages d'utilité publique ou au fonctionnement des services publics de la colonie.

ART. 6.

Le concessionnaire sera tenu de planter et de maintenir jusqu'à la fin de la concession, en remplaçant ceux qui viendraient à disparaître pour une cause quelconque, au moins cent cinquante nouveaux pieds de plantes à caoutchouc par tonne de caoutchouc produite par la concession. La justification de cette obligation sera faite contradictoirement aux époques choisies par le Gouverneur et dans les formes qu'il aura arrêtées.

Obligation générale relative à la culture des plantes à caoutchouc.

ART. 7.

Le concessionnaire sera tenu de mettre les terres concédées en exploitation progressive, soit par aménagement, soit par culture. Il devra, à cet effet, installer et maintenir ensuite en service, sauf à les déplacer s'il y a lieu, des factoreries habitées chacune par un ou plusieurs agents européens et convenablement espacées sur des territoires de plus en plus étendus,

Mise en exploitation des terres concédées.

ART. 8.

Seront considérées comme mises en valeur et attribuées en toute propriété au concessionnaire dans les conditions prévues à l'article 7 du décret de concession :

Mise en valeur des terres.

1° Les terres occupées sur au moins un dixième de leur surface par des constructions ;

2° Les terres plantées sur le vingtième au moins de leur surface en cultures riches, telles que cacao, café, caoutchouc, vanille, indigo, tabac, etc. ;

3° Les terres cultivées sur le dixième au moins de leur surface en cultures vivrières, telles que riz, mil, manioc, etc. ;

4° Les pâturages sur lesquels seront entretenus pendant au moins cinq ans des bestiaux à l'élève et à l'engrais à raison de deux têtes de gros bétail ou de quatre têtes de petit bétail par dix hectares ;

5° Les parties de forêts d'une superficie d'au moins cent hectares d'un seul tenant, dans lesquelles le caoutchouc aura été récolté régulièrement depuis au moins cinq ans, à raison de vingt pieds au moins d'arbres ou de

lianes en moyenne par hectare, étant entendu que, même après l'attribution de la propriété au concessionnaire, le nombre minimum de vingt
pieds sera maintenu par la conservation des arbres ou des lianes existants
ou par leur remplacement en jeunes plants sous peine de retour à l'Etat
de ladite propriété.

La domestication et l'entretien des éléphants donneront également lieu
à l'attribution en toute propriété de terres choisies par le concessionnaire
à raison de cent hectares par tête d'éléphant.

ART. 9.

Forme et position
des
lots de terre
attribués
au concessionnaire.

Les lots de terre attribués au concessionnaire en vertu de l'article 8
ci-dessus seront délimités par des limites naturelles telles que cours d'eau,
crêtes de montagnes ou de collines, lisières de forêts, voies de communication existantes ou en cours d'exécution, etc., ou par des lignes droites
ayant des longueurs aussi grandes que possible. A moins que la configura-
tion du terrain ne s'y oppose ou que le lot occupe une vallée tout entière,
la longueur de chaque lot mesurée suivant sa plus grande dimension ne
pourra être supérieure à trois fois sa largeur moyenne mesurée dans le
sens transversal à celle-ci.

Le long des voies navigables et de toutes autres voies de communication
faisant partie du domaine public soit antérieurement à la concession, soit
par suite de leur exécution au compte de l'Etat ou de la colonie, soit
par suite de la remise que le concessionnaire en aura faite, ce dernier ne
pourra devenir propriétaire des terres contiguës à la dite voie ou situées
à moins de 1 kilomètre de ses bords, sur plus de la moitié de la longueur
de chaque côté de cette voie. Il ne pourra également devenir propriétaire
de terres situées à moins de vingt kilomètres de la frontière de la colonie
du Congo, lorsque cette frontière ne sera pas formée par un cours d'eau
navigable aux bateaux à vapeur pendant au moins quatre mois de l'année.

ART. 10.

Constatation
de
la mise en valeur
des terres.

La constatation de la mise en valeur des terres et la délimitation des
lots correspondants sera faite sur la demande et aux frais du concessionnaire ou de ses ayants droit. A la suite de cette délimitation, les terres

seront immatriculées au nom du concessionnaire conformément à la législation en vigueur. La réserve stipulée par l'article 7 du décret de concession sera inscrite sur chacun des titres d'immatriculation.

TITRE II

I. — Service de navigation à vapeur.

ART. 11.

Le concessionnaire sera tenu de mettre à flot dans un délai de deux ans à dater de la signature du décret de concession et d'entretenir en service jusqu'à l'expiration de la concession, sur les cours d'eau navigables qui traversent le territoire concédé ou qui le relient au Stanley-Pool, au moins   bateau à vapeur grand modèle, et   bateau à vapeur petit modèle remplissant les conditions spécifiées à l'article 13 ci-dessous. *(Spécification.)*

Ces bateaux seront affectés aux transports particuliers du concessionnaire et à ceux dont il jugerait convenable de se charger pour le compte de toute autre personne ou société, mais il sera tenu d'effectuer au moins tous les six mois, s'il en est requis par le Gouverneur ou par son délégué, les transports de l'État ou de la Colonie, jusqu'à concurrence de la moitié de la capacité du chargement de chaque bateau, entre, d'une part, Brazzaville ou le point de transmission entre la voie fluviale et le chemin de fer, et d'autre part la limite jusqu'à laquelle le concessionnaire se servira de la voie d'eau pour ses propres transports.

En outre, le Gouverneur aura toujours le droit, en cas d'expédition militaire, de réquisitionner en totalité ou en partie le matériel flottant du concessionnaire sous la réserve du payement du prix des transports et, en cas de dommages, d'une indemnité à régler d'un commun accord ou par arbitres.

ART. 12.

Le concessionnaire devra faire, s'il en est requis, aux conditions de l'article 17 ci-dessous, les transports de la poste et des colis postaux. *(Transports de la poste.)*

Dans ce cas, il devra faire installer, sur chacun des bateaux affectés à ce transport, un coffre fermé au moyen d'une clef de sûreté pour recevoir les sacs postaux et les fonds publics. Le capitaine ou le subrécargue sera rendu responsable de ces transports, sans toutefois que cette responsabité ait pour effet de faire disparaître ou d'atténuer celle du concessionnaire. Les sacs postaux et les boîtes renfermant les fonds publics lui seront remis clos et scellés et seront délivrés de même par lui. Sa responsabilité et celle du concessionnaire cesseront par la remise des paquets et la constatation de leurs scellés intacts.

ART. 13.

Conditions
à remplir
par
les bateaux à vapeur.

Les bateaux à vapeur que le concessionnaire sera tenu de mettre et d'entretenir en service, en exécution de l'article 11 ci-dessus, devront satisfaire aux conditions suivantes :

Ils seront d'un type reconnu propre à la navigation sur les rivières de la colonie du Congo français. Ils seront cotés au Veritas ou au Lloyd à une cote agréée par l'Administration.

Les bateaux du grand modèle devront être en état de porter, à une vitesse minimum de huit nœuds, au moins vingt tonnes métriques de charge utile au tirant d'eau de soixante-cinq centimètres. Les bateaux du petit modèle devront être en état de porter à une vitesse minimum de sept nœuds une charge utile d'au moins cinq tonnes métriques au tirant de cinquante centimètres.

Ces bateaux devront être neufs au moment de leur mise en service; toutefois, dans le cas où le concessionnaire serait en mesure de mettre en service, dans le délai minimum d'un an, à dater de la signature du décret de concession, un ou plusieurs bateaux ayant déjà servi, mais construits depuis moins de trois ans, ces bateaux seront acceptés, s'ils remplissent les conditions spécifiées par le présent article, sous la réserve qu'ils seront effectivement mis en service dans le délai précité.

Les bateaux à vapeur qui font l'objet du présent article devront porter pavillon français. L'équipage devra être exclusivement composé de citoyens français ou de sujets français, sauf autorisations individuelles toujours révocables données par le Gouverneur.

ART. 14.

Les dates des départs et les points d'escales obligatoires sur les rives françaises seront fixées par le Gouverneur pour les voyages effectués pour le compte de l'Administration.

Dans le cas où il existerait sur le trajet à parcourir, entre les limites prévues au deuxième alinéa de l'article 4 ci-dessus, des rapides, chutes, etc., interrompant le parcours des bateaux à vapeur, le concessionnaire sera tenu : 1° d'assurer, par les moyens qu'il jugera convenables, le transbordement des marchandises d'un bief à l'autre et de fournir aux voyageurs le moyen d'effectuer à pied ou en pirogue le trajet correspondant; 2° d'assurer dans chacun des biefs supérieurs le transport en bateau à vapeur ou en pirogue des voyageurs et des marchandises. Le Gouverneur pourra exiger que les transbordements soient faits en territoire français.

En cas d'interruption des voyages par suite d'avaries aux bateaux, le concessionnaire ou son représentant devra prendre les mesures nécessaires pour faire arriver à destination les voyageurs et les marchandises dans les meilleures conditions possibles.

Obligations relatives au service de navigation.

ART. 15.

La propriété des bateaux à vapeur affectés obligatoirement, en vertu de l'article 11 ci-dessus, au service de navigation imposé au concessionnaire sera rattachée à la concession dont elle fera partie intégrante et dont elle ne pourra être détachée pendant toute la durée de ladite concession. En conséquence, ces bateaux ne pourront, sauf l'exception stipulée à l'article 18 ci-après, être vendus, loués ou donnés en gage sous quelque forme que ce soit, ni être détournés en permanence du service en vue duquel leur acquisition est imposée au concessionnaire sans que celui-ci en ait, au préalable, obtenu l'autorisation du Ministre des Colonies. Ceux qui viendraient à se perdre ou à être mis hors de service par suite d'usure ou d'avaries seront remplacés dans le délai de dix-huit mois à partir du moment où ils auront cessé leur service.

Propriété des bateaux à vapeur affectés au service de la concession.

ART. 16.

Garantie
de l'exécution
du
service de navigation.

Dans le cas où, par suite de perte, d'avaries, du défaut d'armement ou de toute autre cause, un des bateaux dont l'entretien en service est imposé au concessionnaire en vertu de l'article 11 ci-dessus serait resté pendant deux années consécutives hors d'état de faire le service de transports auquel il sera affecté, le concessionnaire sera passible d'une amende de 20,000 francs par bateau de grand modèle ou de 10,000 francs par bateau de petit modèle se trouvant dans ce cas. Une amende de même somme lui sera imposée, à partir de l'expiration de la deuxième année, pour chacune des années suivantes pendant lesquelles le bateau n'aura pas été remplacé ou remis en service.

ART. 17.

Tarifs.

Les transports que le concessionnaire effectuera pour le compte de l'État ou de la colonie lui sont payés, pendant les cinq premières années qui suivront la signature du décret de concession, aux tarifs indiqués ci-dessous :

a. — Entre Brazzaville ou le point de transmission des voyageurs et des marchandises entre la voie fluviale et le chemin de fer, et l'origine du premier rapide qui ne pourra pas être franchi par les bateaux à vapeur :

1° A la montée :

    Par passager européen et par myriamètre......... Fr. 1 00
    Par passager indigène et par myriamètre............ 0 35
    Par tonne métrique de marchandises et par myriamètre. 2 50

2° A la descente :

    Moitié des tarifs ci-dessus.

b. — En amont du premier rapide qui ne pourra être franchi par les bateaux à vapeur, mais seulement pour les transports effectués pendant le temps où ce passage sera impossible (y compris tous transbordements et transports par terre) :

    Le double des tarifs *a.*

Les distances seront déterminées d'un commun accord entre le Gouverneur et le concessionnaire. A défaut de mesure plus exacte, on mesurera sur une carte la longueur des lignes droites joignant les positions des stations successives déterminées d'après les relevés géographiques, et on augmentera ces longueurs d'un tiers pour tenir compte des sinuosités du chenal navigable. Les parcours effectués à pied par les voyageurs pour le passage des rapides ne seront pas comptés.

La nourriture des passagers européens sera payée à raison de 12 francs par jour ; celle des passagers indigènes sera réglée sur mémoire.

Les passagers européens auront droit au transport gratuit de 100 kilogrammes de bagages.

Les passagers indigènes auront droit au transport gratuit de 5 kilogrammes de bagages, ou, s'ils sont militaires, de leur charge d'équipement.

Les poids des marchandises seront comptés par expédition, c'est-à-dire par groupe de colis envoyés d'un même expéditeur à un même destinataire, et non par colis, en comptant par dix kilogrammes les fractions inférieures à ce chiffre. Ainsi une expédition de 4 kilogrammes sera comptée pour 10 ; une expédition de 72 kilogrammes pour 80 ; une expédition de 1,221 kilogrammes pour 1.230, etc. Toutefois le mode de comptage par charge de 30 kilogrammes pourra être substitué au mode de comptage prévu ci-dessus, en vertu d'un accord entre le Gouverneur et le concessionnaire.

Les prix des transports de la poudre, des cartouches et autres matières dangereuses seront majorés de 50 p. °/₀.

Les transports de la poste seront effectués gratuitement. Celui des colis postaux sera payé au tarif des marchandises.

Les tarifs stipulés ci-dessus ainsi que les taxes accessoires et le mode de mesurage des distances seront revisables d'un commun accord ou par arbitres, tous les cinq ans, à partir de l'expiration de la cinquième année qui suivra la signature du décret de concession, en prenant pour base les prix moyens effectifs de transport sur les bateaux de toutes nationalités qui voyagent sur le Congo ou ses affluents, sans toutefois pouvoir dépasser les maxima fixés au présent article.

ART. 18.

Autorisation
de céder
le service
de navigation

Le concessionnaire aura le droit de rétrocéder en tout ou en partie, avec l'autorisation du Ministre des Colonies, à toute personne ou société agréée par ledit Ministre, les obligations et avantages attachés à l'établissement du service de navigation qui fait l'objet des articles ci-dessus, à condition que le rétrocessionnaire acceptera et exécutera toutes les conditions spécifiées par lesdits articles.

Toutefois, dans le cas où le rétrocessionnaire serait une société de navigation existante ou en formation, ayant obtenu la concession d'un service régulier de transports dans les conditions définies par un cahier des charges arrêté par le Ministre des Colonies, sur l'avis de la Commission des concessions coloniales, le titulaire de la présente concession serait déchargé de toute obligation relative à la mise et à l'entretien en service des bateaux grand modèle attachés à ladite concession, aussitôt que le traité passé avec ladite société aura été approuvé par le Ministre.

II. — Établissement de postes de douanes.

ART. 19.

Contribution
du
concessionnaire.

Le concessionnaire sera tenu de concourir à l'établissement des postes de douanes rendus nécessaires par les opérations qu'il compte effectuer, pour une somme de   , payable en trois termes égaux dans le dernier trimestre de la première, de la troisième et de la sixième années à partir de la signature du décret de concession.

Le payement sera fait dans la caisse du trésorier-payeur de la colonie sur réquisition du Gouverneur.

TITRE III

Clauses financières.

ART. 20.

Payement
de
la redevance fixe
annuelle.

La redevance fixe annuelle sera versée dans la caisse du trésorier-payeur de la colonie avant le 1ᵉʳ mars de chaque année.

Le concessionnaire ne pourra, pour refuser le payement, arguer de préjudices qu'il aurait éprouvés du fait de l'Administration ou de toute autre cause, la redevance étant due par lui et exigible à la date indiquée sans pouvoir être compensée ni atténuée par les indemnités, remises, frais de transports, etc., qu'il croirait être en droit de réclamer à l'État ou à la colonie.

ART. 21.

Pour le calcul de la part de revenu à verser par le concessionnaire en vertu de l'article 6 du décret de concession, on déduira du montant des recettes brutes de chaque année :

1° Le montant des dépenses d'exploitation ;

2° Les sommes nécessaires pour assurer, s'il y a lieu, l'intérêt et l'amortissement des obligations pendant ladite année ;

3° La somme à prélever sur les bénéfices de la société pour la réserve légale et pour toutes autres réserves statutaires, mais seulement jusqu'à concurrence de quinze pour cent de la différence entre la recette brute et les dépenses énoncées aux paragraphes 1° et 2° ci-dessus ; étant stipulé, d'autre part, qu'il ne sera plus fait déduction de ce prélèvement lorsque l'ensemble de la réserve légale et des autres réserves statutaires dépassera le quart du capital-actions versé ;

4° La somme à prélever, s'il y a lieu, sur les bénéfices pour l'amortissement des actions par tirage au sort ;

5° Cinq pour cent du capital-actions versé et non encore amorti.

La différence constituera le revenu dont les quinze centièmes devront être versés par le concessionnaire à la caisse du trésorier-payeur de la colonie, ou, pour le compte de celui-ci, dans une caisse métropolitaine désignée par le Ministre des Colonies. Le versement sera effectué dans le mois qui suivra l'Assemblée générale des actionnaires dans laquelle auront été approuvés les comptes de l'exercice auquel il se rapportera.

ART. 22.

Le concessionnaire ne pourra rétrocéder, affermer ou apporter, sous quelque forme que ce soit, en totalité ou en partie, à des sociétés ou à

des particuliers, les avantages quelconques dérivant de la présente
concession, qu'en vertu de traités approuvés par le Ministre des Colonies et stipulant au profit de l'État des avantages équivalents à ceux qui
résultent de l'article 6 du décret de concession calculés comme il est dit
ci-dessus.

ART. 23.

Contrôle
de la
gestion financière
de la société.

Toutes les opérations des commissaires des comptes seront contrôlées
par un délégué du Ministre des Colonies qui aura les mêmes pouvoirs que
ceux attribués à ces commissaires par le premier alinéa de l'article 33 de
la loi du 24 juillet 1867. Ce délégué devra être convoqué à toutes les
Assemblées des actionnaires.

TITRE IV

Dispositions générales.

ART. 24.

Expiration
de la concession.

A l'expiration de la concession, les terres qui ne seront pas devenues
la propriété du concessionnaire dans les conditions déterminées au
titre Ier ci-dessus feront de plein droit retour au domaine.

Le concessionnaire restera propriétaire du matériel naval, y compris
celui dont la propriété aura été attachée à la concession en vertu de
l'article 15 ci-dessus. Il aura le droit d'enlever, sous la réserve indiquée
ci-dessous, pour en utiliser ou en vendre les matériaux, les lignes et
appareils télégraphiques, voies ferrées, bâtiments, établissements indus-
triels, etc., dont la remise au domaine public n'aura pas été prononcée
et qui se trouveraient sur les terrains dont il ne serait pas devenu propriétaire. Un délai d'une année lui sera accordé à cet effet.

Passé ce délai, lesdits matériaux seront considérés comme abandonnés
par lui.

Le Gouverneur pourra racheter, au nom de la Colonie, en tout ou en partie, le matériel naval ainsi que les installations dénommées ci-dessus à la condition de notifier son intention au concessionnaire six mois au moins avant l'expiration de la concession. Le prix sera fixé d'un commun accord, où, à défaut d'accord, par experts nommés dans les conditions déterminées par l'article 27 ci-après.

ART. 25.

Dans le cas où le concessionnaire céderait à des tiers, avec l'autorisation du Gouvernement, ses droits sur les terres dont il ne serait pas devenu définitivement propriétaire, l'acte de cession devra reproduire intégralement les textes de l'acte de concession et du présent cahier des charges.

ART. 26.

Comme garantie générale de l'exécution des obligations résultant pour lui du décret de concession et du présent cahier des charges, le concessionnaire sera tenu de verser à la Caisse des Dépôts et Consignations un cautionnement dont le montant est fixé par le décret de concession. Le cautionnement pourra être constitué soit en numéraire, soit en rente française, soit en titres des emprunts de la Colonie. La valeur en capital de ces rentes ou titres d'emprunts sera calculée dans les conditions spécifiées par l'article 6 du décret du 18 novembre 1882 relatif aux adjudications et marchés passés au nom de l'Etat.

La moitié de cette somme devra être versée avant la signature du décret et l'autre moitié dans la quinzaine de la notification de la décision du Ministre des Colonies approuvant définitivement la substitution de la Société concessionnaire au concessionnaire primitif.

ART. 27.

Dans le cas où le présent cahier des charges prévoit la nomination d'arbitres ou d'experts, ceux-ci seront au nombre de deux choisis l'un par le Gouverneur, le second par le concessionnaire. En cas de désaccord entre eux, un troisième arbitre ou expert sera désigné à la requête de l'une des parties intéressées par le Président de la Cour d'Appel de Paris. Dans le cas où une des parties valablement mise en demeure n'aurait pas désigné son arbitre ou expert dans le délai d'un mois après cette mise en demeure, cette désignation serait faite d'office à la requête de l'autre partie comme celle du troisième arbitre ou expert.

ART. 28.

Élection de domicile.

Le concessionnaire devra faire élection de domicile à Paris et au Chef-lieu de la colonie. Faute par lui de se conformer à cette obligation, toute notification ou signification lui sera valablement faite soit à la Préfecture de la Seine, soit dans les bureaux de l'Administration au Chef-lieu de la colonie.

ART. 29.

Le concessionnaire s'engage à ne réclamer aucune indemnité ni à la colonie ni à l'Etat en raison des dommages qu'il pourrait éventuellement éprouver par le fait soit de l'insécurité du pays, soit de l'émeute ou de la révolte des indigènes, soit de la guerre avec une puissance étrangère.

TITRE V

Rachat, déchéance et retrait de la concession.

———

ART. 30.

Conditions de rachat.

Les terres qui seront devenues la propriété du concessionnaire ou de ses ayants droit en vertu des dispositions du titre Ier ci-dessus, seront exclues du rachat de la concession dans le cas où celui-ci aurait lieu. Le concessionnaire ou ses ayants droit ne pourront en être dépossédés qu'en vertu du droit commun d'expropriation ou en vertu des stipulations de l'article 7 du décret de concession.

Le prix du rachat total ou partiel du reste de la concession sera réglé par une Commission de neuf membres dont trois seront désignés par le Ministre des Colonies, trois par le concessionnaire et trois à l'unanimité des six membres déjà désignés. Faute par ceux-ci de s'entendre dans les six mois de la notification faite à eux de leur nomination, le choix des trois derniers membres qui n'auraient pas été désignés à l'unanimité sera fait par le premier président et les présidents réunis de la Cour d'appel de Paris.

Il sera procédé, dans la même forme, à la désignation des membres de la Commission dont le choix est laissé au concessionnaire, dans le cas où celui-ci ne les aurait pas désignés dans un délai de trois mois à partir du jour où le décret prononçant le rachat lui aura été notifié.

ART. 31.

La déchéance du concessionnaire sera prononcée après mise en demeure et le cautionnement versé par lui restera acquis à l'État s'il ne se conforme pas aux conditions du décret de concession ou du présent cahier des charges et notamment : Déchéance du concessionnaire.

1° Si, dans un délai de deux ans à dater de la signature du décret de concession, il n'a pas effectivement commencé la mise en exploitation des terres concédées dans les conditions prévues par l'article 7 ci-dessus ; ou si, après l'avoir commencée, il ne la continue et ne l'augmente pas progressivement conformément aux stipulations dudit article ;

2° S'il recourt pour l'exploitation de sa concession, et notamment pour se procurer de l'ivoire ou du caoutchouc, à des moyens de nature à troubler l'ordre public ;

3° Si, après mise en demeure, il n'a pas effectué dans le délai d'un mois le payement de la redevance fixe annuelle ou de la part de revenu attribuée à l'Etat ;

4° S'il a enfreint, sous une forme quelconque, les prescriptions de l'un quelconque des articles 20 à 23 du cahier des charges ;

5° S'il vend, cède ou afferme sans autorisation du Ministre des Colonies tout ou partie du matériel naval dont la propriété sera attachée à la concession.

La déchéance s'appliquera à l'ensemble de la concession, exception faite des terres qui seront devenues la propriété du concessionnaire.

Dans le cas de la déchéance, il sera pourvu à l'exécution des engagements valablement pris par le concessionnaire au moyen d'une adjudication de la concession qui fait l'objet du présent cahier des charges, avec les charges, obligations et avantages qui s'y rattachent, à l'exception des terres qui seront devenues la propriété définitive du concessionnaire dans les conditions prévues par le titre Ier ci-dessus.

Nul ne sera admis à concourir à l'adjudication s'il n'a été au préalable agréé par le Ministre des Colonies, et s'il n'a déposé à la Caisse des Dépôts et Consignations un cautionnement qui sera déterminé par le Ministre des Colonies.

L'adjudication aura lieu dans les formes prescrites par les lois et règlements en vigueur pour les adjudications du Ministère des Colonies.

Les soumissions ne pourront être inférieures à la mise à prix.

Le nouveau concessionnaire sera, par le seul fait de l'approbation du résultat de l'adjudication par le Ministre des Colonies, substitué au concessionnaire évincé pour les charges, obligations et avantages visés ci-dessus : le concessionnaire évincé recevra de lui le prix de l'adjudication.

Si l'adjudication n'amène aucun résultat, une seconde adjudication sur les mêmes bases sera tentée après un délai de trois mois. Dans le cas où celle-ci resterait sans résultat, la concession sera annulée purement et simplement en ce qui concerne les droits, obligations et avantages qui en auraient fait l'objet.

ART. 32.

Retrait
de la concession
des terres.

Dans le cas où le concessionnaire n'aurait pas justifié, sur l'invitation du Gouverneur, qu'il s'est conformé aux prescriptions de l'article 6 ci-dessus en ce qui concerne les plantations de caoutchouc, il sera mis en demeure de fournir cette justification dans le délai d'un an. Faute par lui de fournir cette justification, il sera retranché de la concession une surface de terre calculée, à raison de quarante hectares par mille pieds manquant, proportionnellement à la différence entre le nombre de nouveaux pieds de plantes à caoutchouc que le concessionnaire aurait dû planter et maintenir, en exécution dudit article, et le nombre de pieds qu'il justifiera avoir effectivement plantés et maintenus.

En cas de désaccord entre le concessionnaire et le Gouverneur de la colonie au sujet du nombre de pieds de caoutchouc plantés et maintenus, le concessionnaire pourra demander l'envoi à ses frais, par le Ministre des Colonies, d'un délégué chargé de vérifier l'exactitude des chiffres arrêtés par l'Administration. Dans le cas où ces derniers chiffres seraient reconnus inexacts de plus d'un dixième, le montant de la dépense afférente à cette vérification sera remboursé au concessionnaire au moyen d'un prélèvement sur la part de revenus stipulé à l'article 6 du décret de concession.

La superficie qui sera retranchée de la concession sera mesurée, autant que possible, d'un seul tenant et au choix du Gouverneur parmi les terres qui ne seront pas en exploitation. Les limites en seront définies dans le décret prononçant le retrait partiel de la concession.

Art. 33.

Dans le cas où l'Etat reprendrait possession de terres cédées par le concessionnaire en violation des prescriptions de l'article 7 du décret de concession, le concessionnaire supportera seul les indemnités et dommages-intérêts qui pourraient être réclamés par le cessionnaire évincé. Il en sera de même dans le cas où le concessionnaire serait mis en demeure de résilier les baux d'affermage ou de location consentis par lui contrairement aux prescriptions dudit article.

Reprise par l'État de la propriété des terres cédées en violation de l'article 7 du décret de concession.

Art. 34.

Les dispositions des articles 31 et 32 ne seraient pas applicables et la déchéance ou le retrait ne serait pas encouru dans le cas où le concessionnaire n'aurait pu remplir ses obligations par suite de cas de force majeure dûment constaté.

Cas de force majeure.

Art. 35.

Les frais de timbre et d'enregistrement du présent cahier des charges

Enregistrement.

et de tous actes relatifs à la concession seront supportés par le concessionnaire.

Le présent cahier des charges accepté par le concessionnaire soussigné pour être joint au décret de concession en date de ce jour.

Paris, le

ARRÊTÉ par le Ministre des Colonies,
pour être joint au décret de concession
en date de ce jour.

Paris, le

9171. — Paris. — Imprimerie Hemmerlé et Cⁱᵉ, rue de Damiette, 2, 4 et 4 bis.